ACADEMIC HARASSMENT

日本の教育の終焉

アカデミックハラスメント

ある女性研究者の手記と対話から

[著者] AINO
[対談] AINO×井上孝代

ヒカルランド

アカデミックハラスメント　目次

第一章　長すぎるプロローグ

なぜ今こんなことを書くのか　6

本当のアカデミックハラスメントは表には出ない　15

第二章　封印していたあれこれ

若い女性研究者という生贄　22

教授は神様・大学院生は奴隷　40

論文査読や学位授与の訳のわからなさ　52

いつでもどこでも「僕が一番だ!」の人たち　59

陣地を広げたい人たちの人事　66
一体どうしたらよいのか？　71

第三章　対談　AINO氏VS井上孝代氏

書くことと話すこと　76
ハラスメント状態を変えるのに必要な3つのこと　85
コミュニケーションのとり方を知らない人たち　89
防衛機制　92
相談とカウンセリング　102
いいことだと思ってやっていることが人を傷つける　107
つらいことは笑っちゃえ　114
美しさを愛でる　118

第四章　長すぎるエピローグ

つらくなってしまった対談　126
弱いからこそ強いのかも　130

カバーデザイン　吉原遠藤
編集協力　宮田速記
校正　齋藤温子
本文仮名書体　文麗仮名（キャップス）

第一章

長すぎるプロローグ

なぜ今こんなことを書くのか

つらいことや苦しいことには、誰も触れたくないだろう。明るく、楽しく、美しいものを見て気持ち良くなりたいのは当然のことだ。

しかしながら、同時に怖いもの見たさのような好奇心が働くこともある。

でも、自分自身のトラウマに関しては、それが大きければ大きいほど触れることができないのが常である。

また、リアルタイムでそれを発信することは、社会的に大きなインパクトを与えて関係者に迷惑をかけることもあるだろう。

そんな気持ちが交錯して、今まで封印してきたことが、実は本当にたくさんあることに気がついた。

もしかしたら、そんなふうに思っているのは私だけではないのかもしれない……。


人生とは、世界とは、そんなにもさまざまな彩りを持っているものなのだと思う。

勇気ある告発をしながら、権力から過酷なバッシングを受け、命を落としてしまう人もいる。真相がのちに明らかになっても、痛みが晴れる日は来ないかもしれない。

自尊心や名誉は傷つけられたままに。

生きながらえても、身を隠すようにして生きていくしかない人もいる。

そんないくつものケースに心を痛め、距離を置いて眺めながら、私には不正の告発を公にして自分の人生を犠牲にする勇気はなかった。というより、そんなエネルギーも枯渇してしまっていた。

それでも書いてみようと思ったのは、一つには、悔しい思いを吐き出すことによってはじめて、私は本当に自由になれるのかもしれないと思ったからだった。

二つ目には、同じような経験を持っている人たちに対して、「あなたは一人ではない」という慰めになればとの思いがあった。

そして、最も大きな私の執筆動機は、この混沌とした世界と、どうやって調和して生きていったら良いかの指針を、書きながら読者に問い、探っていきたいという思いだった。

世界は意識で作り上げていくものだから、ネガティブなことには関わらず、明るい希望に満ちた考えで、自分の心も世界も平和を保つようにすべきだと考える立場には人気がある。日本には言霊信仰があるように、思ったこと、口に出したことが実現してしまうと信じている人も多い。「ネガティブなことは水に流して忘れよう」という人生訓を実践して、にこやかに、安らかに、幸せに生きている人たちが多いのは事実だ。

認知科学的に考えても、関心があることに意識が引き寄せられて、ますますそちらに注意が向くようになってしまうことが知られている。だから、明るい話題で楽しくなろうという主張はもっともなことだと言える。つらいことが多い時に、楽しいこと、嬉しいこと、感謝することとなどを思い浮かべて気持ちを切り替えていくとか、とにかく笑ってみようという発想は確かに効果的だ。日常的なストレスや生きにくさに対しては、とても良い処方箋だと思うし、私自身いつも習慣的にやっているような気がする。また、自分の経験は確かに、自分が世界をどう受け止めるかで決定する部分が大いにある。全てを自己責任と捉えていく態度はそういう発想からきているのだろう。

しかしながら、時には言葉では言い表せないほどの悲劇が襲ってくることもある。

それは、残念ながら誰も否定できない。

不慮の事故や不運に対してまで、自己責任（引き寄せの法則？）を求めることは、意味があることなのだろうか？

原因や理由を明らかにして納得したい人にとっては、痛みを伴いながらも整理がついて救いになるのかもしれない。

しかし、その長期的な結果は？

高潔な精神から自己責任として他者に相談せず、誰にも言えないまま封印したものを墓場まで持っていく人は、本当に幸せな人生だったと言えるのだろうか？


真実を見つめること、明らかにすることこそが、究極には救い、癒やし、解放への道だと私は確信している。しかし、歴史を見れば、その救いはこの世の短い間には起きない可能性も、明らかである。

だからといって、封印したままにしてやり過ごすのが賢い生き方なのだろうか。


肉体が土に還れば全て終わりだと考える人には、封印することは良い知恵なのかもしれない。

しかし、全てネガティブなものを封印したつもりでも、実際には祟りや怨念などというおどろおどろしい話があることは、どう説明できるだろう？　私は、やはりきちんと、つらいこと見たくないことと対峙して、今ここで生きている間に、赦し、受け入れて浄化するというプロセスが必要なのではないかと思うようになった。


それは、現在進行している世界規模の歴史的犯罪に関しても言えることなのだと思っている。

人々がようやくその闇に気づき始めた今、どう対処していったらよいのか、悩む人も多いだろう。

ネガティブなことを見ないようにして心を守り、ないことにする人もいれば、正義を盾に戦う人もいる。双方の対立は、人類の幸せを願う気持ちが強ければ強いほど激しくぶつかってしまうようだ。個人的なルサンチマンを無意識に重ね合わせて、凄まじい戦いが繰り広げられてしまうこともある。皆、意識しているいないにかかわらず、必死で生き残りをかけているのだ。こんなご時世に、私は何ができるのだろうか。

世界を憂えすぎたためか、私は体調を崩して長期療養を余儀なくされた。

世間から切り離されたような生活の中で、否応なしに人生を振り返らせられると、封印していたものから微かな囁《ささや》きが聞こえてきた。少し書いてみようか、と押し出されてしまったのが今の私である。

そうして私は、記憶の貯蔵庫の奥底にしまっていて、取り出すのも難しくなっている記憶の断片をつなぎ合わせてみることにした。そんな気持ちになれたのは、きっとそれに耐えられるだけの心の準備ができたはずだ、と自己判断したからだ。しかし、やはり暗い過去の記憶が蘇《よみがえ》ると古傷が疼《うず》いて、重苦しく鈍い痛みが不意に襲ってくることもある。

「人生は近くで見ると悲劇だが、遠くから見れば喜劇だ」

そう言ったのは喜劇王のチャップリンだったか。彼のような勇気を持って、私は過去の悲劇を全て笑い話に変えてしまいたい。笑い話にして書いていったら、重苦しい闇にも救いが見え、読者の気持ちもほぐれるだろうと期待しながら書いていくこととする。

どうぞお付き合いください。

本当のアカデミックハラスメントは表には出ない

私は、アカデミックハラスメントの加害者に当たる指導教官や学会長ほか、著名な研究者たちを告発したいとか、天罰が下ればよいという発想は全くない。どんなにひどいことをされても、どことなく狂ってしまった彼らの痛みのようなものが伝わってきて、自分自身まで苦しくなってしまうからである。この方々もまた、アカハラの犠牲の中で歪んで狂ってしまったに違いない。そんな思いが湧いてくるために、誰も訴える気はしなかった。あまりにも苦しくて、心身を病んでしまい、告発する気力もなくなってしまったこともその一因ではあるが。

過酷な環境の中で生き残るために、忘れてしまいたい、なかったことにしてしまいたかった。しかしこれを伝えなければ、同じことが繰り返され、さらなる犠牲者が出てしまうかもしれない。ストップさせなければいけないという思いもあった。私は常にこのような大きなジレンマを抱えながら、実際には何もできなかった。

ハラスメント委員会や裁判所に提出すればよい証拠メールや文書なども、全て捨て去ってしまった。それは、自分の手元に、そんなおぞましい記録を保管していたくなかったからだ。保管しているパソコンが汚染されて、自分自身まで汚されてしまうような気がしたのだ。こんな悲惨なことは繰り返されないでほしい、という思いを強く持ちながら、公開する決心もつかないまま何十年も経ってしまった。

そして今、医療・政治・経済ほか、あらゆる分野での闇が徐々に知られるようになってきた時代において、私の経験してきた闇を語ることの意義を感じ始めた。このような理不尽で悲惨なことが繰り返され、闇に葬られ、泣き寝入りしている人たちはどれだけ多いことだろう。

研究者は一般的に誇り高く、あるいは研究以外のことに煩わされて時間を奪われたくないために、アカハラ・パワハラ・モラハラのような問題をスルーしてしまうことが多い。また手口が大変に巧妙で、あからさまでない場合が多いから、被害者は混乱してしまい、自分が悪いと思い込まされてしまうことも多いように思う。スルーできないほどに痛手を負った者は、心身を病んで、その社会から逃げ出していくしかないのだ。今までどれだけの優秀な研究者たちが葬られてしまったことだろう。

私は勇気を持って、私が実際に直接体験したことを誠実に綴っていこうと思う。

しかし、この本が**暴露本のように好奇心から読まれることは心外である。**

アカデミックハラスメントの加害当事者がそろそろ引退してきた今だからこそ、やっと書ける時機が来たと感じている。

私自身も、ようやくアカデミアの闇に対して一歩引いて見ることができるようになってきた。

決して癒やされることなどないと思ってきた昔の悲劇も、触れないことによってではなく、きちんと温かな気持ちで包み込んで、抱きしめていることによって昇華されていくのではないか。

しかし、まだ支障がある。周りの方にご迷惑をおかけするようなことがあってはならないとの思いから、事実に忠実で客観的なルポにはできない。ノンフィクションと私小説の中間のような書き物が良いのかなあと、試行錯誤しながらの初めての執筆である。

第二章

封印していたあれこれ

若い女性研究者という生贄

あの頃はまだ女性の研究者は少なくて、私が進学した大学院研究室では、私がたった一人の女性であった。男性社会に一人放り込まれたような居心地の悪さは並大抵ではなかった。しかし、私は自分自身が興味を持ったテーマを突き詰めたいという表向きの理由と、一般企業に就職する自信がないという、表では言えない理由とで、大学院に進学してしまったのだった。

今だったらセクハラとして問題になるような言動は日常茶飯事であっ

た。院生研究室には女性ヌード写真のカレンダーが貼ってあった。それだけでもう、私はそこに出入りできなくなってしまった。しかし、それに対して何か言えるような雰囲気はなく、苦笑いしているしかなかった。授業中にあからさまな性的な発言があって、戸惑いとショックから硬直してしまったり、居た堪れなくなって席を立とうとしても動けず、耳を塞いで下を向いていたりするようなことも何度もあった。

もちろん心優しいジェントルマンの先輩もいて助けられたりもしたけれど、一番の問題は、教官自身が自覚していないセクハラであった。あまりにもひどく、品のない言動は書くのも憚《はばか》られるけれど、ショッキングなあれこれは、いまだにはっきり覚えている。褒めているつもりなのだろうか？　どこを見ているのか？　大学教授が大学院生にかける言葉なのか？　という疑問が常にあった。

初めての学会発表の時に、研究室でリハーサルをさせてもらうことがあった。一生懸命準備した研究内容にコメントをいただきたく、助手の先生にお尋ねしたら、

「壇上で見たらますます綺麗だね～」

という言葉が返ってきた。

普通の女子なら「まあ！」と喜ぶところなのだろうか？

私は研究が無視されて侮辱されたように感じて不愉快になった。このようなことは際限なくあった。

私は研究室つきのゲイシャガールなのだろうか？

こんな眼差しで見られていることを逆手に取って、うまく立ち回ろうとしている、見目麗《みめうるわ》しいモデルのような女子学生が研究室にやってきたことがあった。流石に美貌だけでは大学院入試には太刀打ちできなかっ

たようで、彼女は何回も何年にもわたって挑戦し続けた。その間も頻繁に研究室に出入りし、女性に慣れていない男子大学院生から教官まで、どのくらい彼女の野望に協力して時間もエネルギーも注ぎ込んだのか、私は知らない。

優秀で誠実な男子学生が就活に苦戦している中で、側からは能力の煌《きら》めきも何もないように見える彼女が、すっと学位を取って就職してしまったのには心底驚いた。死に物狂いで相当に頑張られたのだろうと感嘆したけれど。

と同時に、私はなぜか気持ちが悪く吐き気がして、彼女に近寄りたくなかった。

国を代表する高等教育機関は、あまりに世俗的な人間らしさが渦巻いていて、まっすぐな研究者魂には全く馴染めない社会だったのだ。

しかし、そうしてある意味ちやほやされている時期は、私にとってまだ良かったのかもしれない。

私がある学会の年次大会で、研究室の指導教官であり、学会長の立場でもある教授の主張を覆す発表をした時には、大騒ぎになったようだった。私は純粋にデータに基づいた結果を話しただけで、真実追究を目的としている科学者として当然のことをしただけだと思っていた。何が問題だったのか全くわからなかった。

が、発表後すぐに助手の先生が真っ青になってやってきて、教授に謝罪するようにと私に告げた。

「何を？　何に対する謝罪ですか？」と、私は本当にわからなかった。わからないことや理由のないことに対して謝罪はできない。良いと思ってやっていることなのだから。むしろ学問の進歩に少しは貢献できたかもしれない、と誇りに思っていたほどだったのだ。

「理由がわからないことに対して謝罪はできません」
「いや、君は先生の顔を潰したんだよ。お世話になっている先生がどんな思いをされているかわかるか？　すぐに行って謝りなさい」
「私はデータから明らかになった真実を報告しただけです。何がいけないのですか？」

そんなやりとりが何回か続いた後で、「いいから謝りに行きなさい！」と強要されて、教授のところに行った。

何を謝ったらよいのかわからないまま、「申し訳ありませんでした」と頭を下げた。あまりの理不尽さに屈辱的な思いから涙が溢れてきた。どうしてこんなことで謝らなければいけないんだろう？　研究とは？

科学とは？　わからなくなってしまった。これからどうしていったらよいのだろう？

温厚な教授は、私の涙を反省の深さと勘違いしたようで、「まあまあ、若い時にはいろいろあるものだね」と許してくださったけれど、私には何が許されたのかがいまだにわからないままである。


先生の顔を潰した？

そんな自覚はない。

世俗的な慣習から、顔が潰れたと感じる人がいたのかもしれないが。

私はただ、データから読み取れることを淡々と話しただけだった。

我々は、プロの科学者集団なのだ。ゲームで遊んでいる単なる仲良しグループではない。切磋琢磨しながら真摯に真実追究を目指している仲間ではないのか？

そういう意味では教授も大学院生も対等で、データと事実の前には頭を垂れる立場として同じはずだ。顔を潰すとか世間体とか、そんなことから最も遠いのが科学者ではないのか？

20代の私は、真実追究を最高価値とするという科学の世界を、まだまだ信じていたのだった。

初めての学会発表がこんなことになってしまい、この先やっていけるのだろうかと一抹の不安がよぎった。私の発表は大学院生の未熟なものだと無視され、学会長に遠慮する研究者たちは私に対して懇親会でも不自然でよそよそしかった。ディスカッションをしたい、コメントをいただきたいと思うのに、ほとんど全員から無視を決め込まれてしまったのだった。一人の先生からは丁寧なお手紙をいただいたのを覚えている。しかしその先生も表立って評価することはできないからと、私信で感想をくださったのだった。

「勇気ある発表をよくしてくれた。今後の発展を期待する」

という内容は嬉しかった。しかし、そんな形でしかコミュニケーションができない日本のアカデミアとは、何というところなのだろうと思った。

しかしながら、もうその学会では相手にされない雰囲気がいっぱいで居心地が悪く、流石の私も発表していく気力をなくした。そこで、別の学会に一人で乗り込んで行くようになった。そこでは専門領域が少し違うのでお客様のような扱いを受けた。面白がられ、その学会の有力な先生から声をかけられ、研究室に遊びに来なさいと誘われた。「わかっていただける先生がいる」と嬉しくなって、「共同研究ができるかもしれない」とワクワクしてそちらの研究室に出入りするようになった。お忙しい先生が、研究室員でもない私に時間を割いて話を聞いてくださるのが嬉しかったし、私の研究内容に関心を持ってくださるのが何よりも嬉しかった。そこで、ニューヨークの国際会議に行きませんかと誘われ、喜んで行くことにしたのだった。

彼は某有名国立大学の医学部教授なので、海外出張には准教授ほか、部下のような取り巻きが、まるで一昔前の教授の回診行列みたいに控えていた。教授から、グルメで有名なレストランの食事に誘われた時には、無邪気な私は何の考えもなく喜んで出かけた。二十歳を少し越えたばかりの大学院生で、医学部のしきたりなど、その世界に関して何も知らなかったのだ。

その食事会では、お歴々の先生方を差し置いて、私は教授の隣に座らせられた。教授は何かと私の世話をして、不自然に体を近づけてくるように感じた。レディファーストのマナーなのだろうか？　それにしても馴れ馴れしすぎる……。

同席している先生方は、誰もそんなことを気にもしていないようだった。実はそのことにも違和感を覚えた。潔癖な私は、自分がまるで教授の愛人のような扱いを受けているように感じて、だんだん不快な感情に覆われていった。しかし、せっかくの席なので、にこやかに微笑みながら、教授にエスコートされるまま食事を続けた。それが礼儀かもしれない、と自分を誤魔化しながら。

正直に告白すれば、そのように特別扱いされることに対して、どこか特権を得られたような気分にもなっていた。あまりにも世俗的な男性教授たちを軽蔑しながらも、大物教授にかしずいている彼らより優位に立っているような、まんざらでもない気分になっていたことも否定できない。権威者の心をつかんだら何でも思い通りに動かせるという、勝利者のいやらしい快感をどこかくすぐられるような、複雑な思いでディナーをいただいていた。

その次の夜だったか、帰国を控えたホテルの部屋に、教授から電話が入った。渡したい資料があるから部屋に取りに来てほしいということだった。男性の宿泊するホテルの部屋に女性一人で乗り込むなど、ナイーブな私でも流石にかなり戸惑いの気持ちがあった。

「明朝、階下のレストランでいただいてもよろしいですか？」

と申し出たが、「今後の研究に関する話もしておきたいので」と言われ、断れなくなって部屋に行くことになってしまったのだった。資料だけいただいたら、毅然としてさっと帰ってこようと決心して向かった。

教授の部屋に行くと、驚いたことに彼はすでにバスローブ姿であった。強い違和感と警戒心を抱いた。サクッと資料だけいただいて自室に戻ろうとしたら、今後の研究に関して内密に話しておかなくてはいけないことがある、と引き止められた。

退席しにくくなってしまった。

そうして近寄ってこられ、私は恐怖で体が凍りついて動けなくなってしまった。


そのあと何が起きたか、実ははっきり覚えていない。

覚えていることもこれ以上はとても書けない。

書きながらすでに動悸がして苦しくなってきたからここでやめる。

混乱した私は、どうしたらよいかわからなくなった。

ズタズタになってしまった。

こんなところにはこれ以上いられない！

壊れてしまう……。


そして、しばらく日本を離れることにしたのだった。

誰にも何があったかを言えないまま、（自分自身に対しても）何事もなかったように振る舞って、意気揚々と研究に邁進するポーズで……。

遠い国外に文字通り逃げ出したのだった。


数年後帰国してからも、忌まわしい記憶がつきまとうために、同じ分野の研究を続けることはできなかった。ある日ふっとテレビを見ていたら、あの教授が一般向けにとある解説をしていた。昔、私が発表して主張してきた、理論に対して、彼は無視を決め込んで、ないものにしてきた。まさにその理論だった。まるで自分が打ち立てたような話しぶりだった。

「は？　何これ……」と彼の人格には呆れてしまった。軽蔑という言葉が脳裏に浮かんだ。

けれど私は、誰が発表してもいい、こうして認められて、世に真実が広まるようになったことは良かったことだ、と良い面にフォーカスして単純に喜ぶことにした。

しかし、その学会で彼に会うことは恐怖であり、学会は辞めることにした。

そのあと10年以上経った頃、母校に奉職する機会があった。何気なくキャンパスを歩いていたら、セクハラ・アカハラ相談室の案内が目に留まった。

そうか、いい時代になったなあと思いながらも、話す気にはなかなかなれなかった。


「もう済んだことだし、今困っているわけではないからいいかな」

「でも、惹かれるなあ……どうしよう……」

と迷いながらも、ある日勇気を出して行ってみた。


重厚な歴史的建物の暗い2階に相談室があった。

天井が高く、妙にひんやりした空気の陰気な部屋だったが、窓から入る初夏の光が緑に映えて眩しかったのを覚えている。

「あの……今の話ではなくて昔のことなのですが、よろしいでしょうか。

話しておきたいと思い始めまして」

「どうぞ」

と切り出しながらも、取り留めのない話をしばらくしてしまった。30分くらいも経ったであろうか、ようやく、初めてニューヨークでの出来事に触れた。

レイプ被害者は「自分に隙があったからだ」と罪悪感にかられて話せないと聞く。私も同じだった。だから、自分の落ち度を恥じた。初対面の相談員には、自分の心の中にもある世俗的な快感についてまでは話せなかった。もっときちんと賢くありたいと話して終わりにした。

相談員は、ただただ聴く、という姿勢であった。

「この件に対して何かこちらでできることはありますか？」

と訊かれた時にも

「いえ、今更何もしたいことはありません。ただ、こんなことがあったことを知っておいていただきたくてお話ししただけです」と答えた。それでも相談員には、匿名で全くわからないようにしてケースを報告してもよいか、ケースカンファレンスで共有させてもらうのはどうか、などを問われた。私自身のためにも継続的にカウンセリングを続けたほうがよいのではないかという提案までいただいた。しかし私は、もう触れたくないという思いが強く、もう大丈夫、との思いからそれっきりとなった。この相談自体も、私の中では古い記憶の中に埋もれていたことである。

実は、その後しばらくして理由が全く不明のまま突然解雇となった。もしかしたら相談内容が大学本部に通じていたのかもしれない？　いやいや考えすぎだろう。そんなことがあってはならない。守秘義務はカウンセリングや臨床心理の基本的な倫理ではないか。と思いながらも、不意に別の大学で持ち上がった問題を思い出した。大学相談室の相談内容を、カウンセラーから全て大学側に報告するようにとの指示が出ていたというのだ。これは全くとんでもない話であり、カウンセラーや先生方も学長に直談判するほど熱心に訴えたと聞いた。しかし、状況は全く変わらずカウンセラーは辞めさせられた。そんな話を聞けば、もしかしたら？　何かあったのかも？　と今この原稿を書き進めながらふと思った。

教授は神様・大学院生は奴隷

医学部の研究室が全て腐っているというわけではないと思う。しかし、私が所属していた研究室は大変なところだった。教授は神様で、大学院生は教授の思い通りに動かされる奴隷でしかなかった。そしてその神様は愛の神様ではなかった。理不尽で狂気に満ちた発言や態度から、明らかに人格障がいか重篤な精神病を疑われていたが、誰も触れようとしなかった。

研究室のゼミナールでは、学生は研究内容に関係のない些細なことで罵倒され続け、劣等感の塊となり精神を病んでいった。

研究室員は全員、お正月も含め３６５日働くことを要求・監視されていた。どこにいて、何をする予定で、それがどれだけ達成できたのかを毎日報告しなければならなかった。誰もが見られる廊下にそれが張り出されて、互いに監視していたという具合である。ある優秀な学生は、私が推測するに、教授より優秀すぎるために学位論文が認められず、何度も書き直しを要求されて苦戦していた。万年助手として、いいように使われ、誠実で寡黙な彼は疲弊し切っていた。私はいつしか皆の話を聞くカウンセラー的な役割になってしまい、研究に専念する時間がなくなってしまった。そんな研究室の雰囲気に疲れ切ってしまい、よく一人図書館に籠もっていたものである。

留学先の大学医学部にも日本人教授がいた。その研究室だけは日本の村社会的なルールで、大学院生が奴隷となってこき使われているという噂をよく耳にした。海外でそういう話が挙がると周りとの差がありすぎて違和感が生じるのだが、日本人は誰も何も言わず、仕方のないこと、そういうものだとの認識のようだった。『白い巨塔』の時代だけでなく、このような不健康な伝統はいまだに引き継がれているのかもしれない。医学部教授の権威とはどれほど巨大なものであるかを実感しつつ、なす術がない思いに至ってしまうのだった。

もう一つ、忘れられない大きなハラスメントについても書いていこうと思う。

学内の競争的資金をいただいて海外の研究所に派遣される機会があったので、喜んで応募した時のショッキングな物語である。それは、指導教官である研究室の教授の推薦と大学院生本人の研究発表、論文などによって学部全体で審査されるものであった。私は運良く合格し、海外の研究所に派遣される身分となった。海外で楽しく研究生活に勤しんでいたある日、研究会議の後でお茶をすることになった時、研究所の副所長から「ちょっといいですか」と呼び止められた。研究に関することかと思いきや、「実は君の指導教官からこんな手紙が来ていてね」と見せられた内容は、とても信じ難いものだった。

「この学生は研究者としての資質に欠けており、ふさわしくないから受け入れを許可しないでほしい」というものだったのだ。学内審査で合格しても、受け入れ先の許可が下りなければ、自動的に海外派遣は許可されない。私を派遣させないようにするために、指導教官から受け入れ先の研究所にこんな手紙が出されていたのであった。

自分を推薦してくれたはずの指導教官から？

何という……。

研究所では、この手紙をめぐっていろいろと議論がなされたらしい。副所長が言うには、自分の研究室にいる学生を受け入れるなという教授のほうがおかしいのではないかという結論になって、私を迎え入れたとのことだった。研究所の判断は本当にありがたかったが、指導教官からの手紙内容は、私には非常に大きなショックであった。

私はそれまで、指導教官の厳しさは教育的配慮からだと考えて、ずっと耐えてきたのだった。厳しいというのは目をかけられている証拠で、ありがたい配慮だと思っていた。個性的すぎていろいろと不可解なことがあるにしても、一旦は私を研究室に迎え入れてくれた指導教官だ。応援してくれているに違いない。

しかしながら、競争的資金を勝ち取って大学・文科省から正式に派遣される許可が下りている私に対して、指導教官の立場で、受け入れ研究機関に「この学生を受け入れるな」という手紙を出す。これに対しては、どんなポジティブな解釈もできなかった。

思い起こせばさまざまな理不尽なことがあった。教授は自分の説に対して少しでも反論しようものなら烈火の如く怒り、感情的になった。私は科学者の態度として、常に真実追究しか頭になかった。きちんと発言することこそが倫理的で自分の使命であると、言葉遣いは丁寧ながらも、疑問点は必ず指摘した。それが教授の怒りを買っていたのだと思う。私は学術の発展のために、誰の意見であっても、常に積極的に建設的な意見を言うようにしていた。誰が提唱しているかではなく、何が議論されているかが問題だと思うからだ。率直な意見交換の中でこそより良いものが生まれてくる、と純粋に思っていた。

研究室は仲良しグループ以上に、猿山だということが薄々わかりながらも一人で抵抗していた。私の発言がきっかけとなって議論が発展していくかと期待していた。が、教授の怒鳴り声の前に、皆、静まり返って、下を向いて黙ってしまった。国を代表するような高等教育機関に集まった頭脳明晰な学生たちは、気がつかないはずがない。そう思って見渡しても、指導教官に物申す人は誰もいなかった。

その指導教官の理不尽さは、私に対してだけ、特に執拗に厳しく冷たかった。独自の論旨展開の論文を単著で学会誌に投稿しようとしたら、指導教官の名前をつけていないと叱られた。指導教官の名前をつけて共著にしたら、今度は、こんな駄文に自分の名前を使うなと叱られた。

私が未熟だからという理由で、とうとう「学会発表も論文の投稿も許可しない」と命令されてしまった。また、教授の命令は、個人的なブログや軽い書き物も禁止など、プライベートな生活にも及んだ。それはないだろう、理不尽だと、私はプライベートな事項に対する命令には従わなかった。教授や研究室とは関係がないと判断したからである。また、博士の品位に欠ける、教養がない、研究以前に日本語も英語もできていないから、基本的な文法、漢字やスペリングの練習からやり直せ、など、公然と皆の前で言い続けられた。彼の言う通りだと素直な私は思った。いくら努力しても、発達障がい的傾向がある私は、彼の理想には到達しないようで、研究指導以前に論文を読んでもらえなかった。

彼の研究室に入る前までは、毎月のように論文を発表していたので、これをまとめたら博士論文がすぐできると思っていたのだが。

とうとう私は自信喪失してひどい鬱状態に追い込まれてしまった。学会発表も論文発表も認められない私は、どうしたらよいかわからなくなったが、エネルギーを振り絞って単行本を出版した。それを献上したところ、隣の研究室の先生は、「おめでとう、もう学位取得したようなものですね」とおっしゃってたが、当の指導教官は、許可なしに出版したと怒り狂った。もうこれ以上やっていけないと思い、親しい学外の先生に、指導教官を変えたいと相談した。その先生とは、同一の研究テーマを違った方向から接近していたために、いつも興味深い情報や意見交換ができていたのだった。しかしながら、彼もまた、この業界でやっていくためには、私の話を聞く以上のことは何もできなかったようだった。親身になって話を聞いてくださった先生は、板挟みになってつらい思いをされたことだろう。申し訳ない気持ちでいっぱいになった。その先生の気持ちに報いるためにも、できる限り頑張ろうと思った。

そして、何とか学位論文の提出まであと一歩というところまできた。その頃、ラッキーなことに、私に就職の話がやってきた。就職先は地理的にかなり離れていた。就職してしまうと研究室に頻繁に来るのは難しそうだが、必要な単位は全て取得しているから、論文だけ仕上げて提出すればすぐに学位が取れると私は思い込んでいた。先輩たちを見ていても、皆そうだったからだ。

しかし私には違った。

指導教官は、私は未熟でどうしようもないから、毎日必ず研究室に来る必要があると言うのだ。就職先に相談すると週2、3日なら何とか行けることがわかったから、そのようにさせてもらいたいと話したが、彼は一向に聞く耳を持たなかった。「毎日研究室に来られないのなら学位は出せない、退学しろ」というのが彼の命令だった。

退学？　しかも、「単位取得の上、退学」と履歴書に書けないように、最後の単位取得は認められなかった。私はそのため、自動的にその研究室にいたことを抹殺されたような形となった。全くひどすぎる、悔しすぎる話だと思った。

しかし、自分のやりたいことができる就職先だったために、私は就職した。つまり、大学院を退学したのだった。幸い、学位がなくても就職先は研究業績だけで受け入れてくれた。昔はそういう良い時代だったのだ。私は、学位や肩書きなどは真実追究を目的とする研究生活にはどうでもいいことだと思っていた。学位を取ることだけを目的とした研究や論文に時間とエネルギーを費やすなんて、もったいないことだと思っていた。学位をお金で買えるという具体的な話も聞いた。とにかく私は、学位に絡むこのアカデミズムの魑魅魍魎《ちみもうりょう》には辟易してしまった。博士号は、健康を害してまでいただく価値があるものではないと思った。

教授が言うように、博士としての品位と教養に欠ける私には、ふさわしくないものなのだろう。

論文査読や学位授与の訳のわからなさ

研究者は、評価の高い学術雑誌に論文が何本掲載されるかで実力を評価される。論文が投稿されたら、複数の有識者による査読というプロセスを経て、採用されるか却下されるかが決定される。査読委員は投稿者の所属や名前は知らされることなく、論文のみを見て判断することとなっている（研究内容や引用文献リストを見れば誰が書いたものかすぐにわかるから、意味がないのだけれど、公平に評価しているというポーズなのだ）。却下の場合、査読コメントが返ってくるのだが、査読ののち審査結果と修正して再投稿するようにという指示が何回も繰り返される

 こともあり、投稿してから印刷公開されるまでには何カ月も、時には年単位で時間がかかることもある。

そのように、査読はできるだけ公平に審査がなされるように細心の注意を払われているもののようである。が、私自身が、投稿する側、査読する側、審査決定する立場にあって気がついたことが実はいくつもある。科学者もまた人間だということである。

査読者の自説、あるいはその分野での通説に対する反論を書いた論文には、言葉を選びながらもかなり感情的なコメントが返ってくることがある。そういう時は頭脳明晰な方でもその論理矛盾に気がつかないようである。駆け出しの頃には、査読者の立派な先生方に敬意を払い、おっしゃることにピンとこなくても、自分が至らない、勉強不足のせいなのだ、と思い、コメントに誠実に応えようと努力していた。そうして、指摘されたことに不服ながらも、受理されたいのでそのコメントに従って修正を進めたら、今度は正反対のことが指摘されて、オリジナルで書いていたことが結局良かったのではないかと思わされたこともあった。

呆れた。査読者は何をやっているのだろうと思った。査読結果に一喜一憂しないようにしようと思った。それでもやはり、一生懸命書いたものが掲載却下されたらがっかりするものである。全てを教訓として前進していこうと思いながらも、自分が研究に向いていないのではないかと何度も思った。ある時など、投稿された私の論文に、心無い研究者からかなり激しい論調で、誌上で攻撃されたこともあった。興味深いことにそういう人は、初めのうちは私の研究を喜んで応援してくれているようなのに、私の研究が進むと、決まって邪魔するようになっていくのだった。そういう人が何人もいた。

また、ある学会誌の編集委員会から受理通知が来たにもかかわらず、学会誌に載らなかった論文があった。その時、どうしたのですかと問いただしたら、次号に掲載する予定であるとの連絡が来たけれど、今号に掲載されなかった理由については触れられなかった。そこで、次号に掲載されるものと思い込んでいたところ、何とまたもや無視されて掲載がなかった。これには私もきちんと説明が欲しいと思ったのだが、有耶無耶にされてあまりにもひどいと思った。面倒くさいとは思ったが、その辺りの経緯をきちんと知りたいという理由から、私は編集委員に立候補して受け入れられた。私が編集委員になることを断る表向きの理由なんて探し出せる人はいないから、我ながらうまくやったと思う。

編集委員会の席上で、やんわりと口を開いた。「掲載すべき論文が掲載されないまま何年も経ってしまっているような、こんなことは決して繰り返されるべきではない。学会の信用に関わる大きな問題である。どうしてこのようなことが起きたのか、きちんと教えてほしい」と私は発言した。しかしながら、結局、どうしてこのようなことになったのかは不明ということだった。そして、「次号には必ず掲載するようにする。しかし、すでに掲載論文は決定済みなので、内容を簡単に一枚程度のコラムとしてまとめてくれないか」と言われてしまった。私は内心、それはないだろう！　と思いながら、「ああ、どうしても私の論文を載せたくない」という意図が読み取れたために、論文は別の学会誌に投稿することにして、とりあえずコラムにした。そのコラムが掲載されたのは、論文が受理されて3年も経ってからだった。編集委員会の在り方にもがっかりして、その学会もそれを最後に辞めた。なぜその論文が掲載されなかったのか、やはり学会長の説を超えるものだったからとしか思えなかった。やはりそうだったのかと気がついたのは、のちに学会長の書き物に、私の分析とモデルを見た時だった。別に、もう、どうでもいいけど。

そんなこんなで、学会誌に論文を投稿発表することには、個人的な思いや人間関係などドロドロしたものが絡みついていることを知ったのだった。人間だから、どうしようもないと言えばどうしようもないことである。気持ちが悪いのは、東大話法という言葉もあるように、いくらでも事実を捻じ曲げて、納得せざるを得ないように話を組み立ててしまう彼らの賢さであった。鬱陶しいから関わりたくないと思いながらも、研究者稼業をしている限りこういった問題に晒され続けた。

そんなことばかりなので嫌気が差して、もう一切研究を辞めてしまおうと決心したこともあった。その時は、過去の論文、スライド、書きかけの研究ノートを一気にパソコン上から消した。人からの評価はあまり気にしないタイプの私であるが、この業界でやっていくことは、楽しみにも幸せにもつながらないと判断したからだった。未練が残らないように、研究が続けられないように、データは全部消去してしまい、書籍は全部古本屋に持っていった。自分はもともとアートに関心があって、そちら向きではないかとずっと思っていた節もあったからだ。

しかしやはり、少しは研究が好きで諦めきれない部分があったのかもしれない。

また、研究職という立場上、細々とでもやっていく必要はあった。

そして私は、日本の学会は全て辞めて、英語で発信し始めたのだった。

いつでもどこでも「僕が一番だ！」の人たち

国際会議で発表する時、当然のことながら日本人研究者にも出会う。有名大学の医学部教授ともなれば、ポスドクなどの部下、大学院生まで引き連れてやってくる。

私は律儀にも日本人的に、日本人の名誉教授など高名な方々にはレセプションでご挨拶をすることにしていた。私の発表前には、有名教授は「興味深いテーマだね、頑張りなさい」とにこやかに話されていたが、私の発表の後では態度が豹変してしまうのだ。私の提示したモデルが斬新で面白かったのだろう。自慢するわけではないけれど、外国人研究者たちが興奮して質問や賛辞に集まってくることがよくあった。国内では超有名な日本人名誉教授の周りには、日本人の弟子たちしかやってこないように見えた。私はいつものことで慣れてはいるけれど、日本人研究者たちからは冷ややかに無視を決め込まれていた。

外国人研究者の中に、ボードとアナウンスで個人的に私を呼び出す方がいた。その国の王家だったか大統領だったか、知らない人はいないくらい地位の高い方の関係者だかご家族だが、何しろ私は関心がないために全く知らなかった。何だか非常に高価な贈り物をされて、学会終了後、プライベートジェットで自分の研究室に来てほしいと無茶振りされたことを思い出した。流石に私は少し警戒してしまい、丁寧にお断りしたのだけれど。招待に応じていたらどうなっていたことだろう？　王侯貴族の住むようなゴージャスな宮殿で、多くの召使いにかしずかれながら、人生を謳歌していたのだろうか？　余談だけれど、私の友人に、アラブの大金持ちと結婚してそんな生活をしている人がいるのも事実だ。世界にはいろいろな面白い方がいるものである。

そのような扱いを受けて、注目されている無名の若い女性研究者がいる一方で、日本では名誉教授として、取り巻き連中から下にも置かない扱いをされるのに慣れている教授が、国際会議では完全無視されているという光景はよくあった。彼らにしてみれば、確かに面白くなかったに違いない。私にしてみれば、発表内容が面白くないのだから仕方がないじゃないか、というだけだったのだけれど。頑張って英語で発表されている年配の研究者に敬意を表すべきだったのだろうか？　今思えば、確かに残酷なシーンだったかもしれない。

しかし、私に何ができたというのだろう？　私は真摯に真実追究を楽しんでいただけなのだ。探究の喜びしか頭になかった。人間関係をうまく構築して出世することや、おこぼれの名誉職をもらうことに必死の人たちに関心がなかった。というより、価値観が全く違う人種のようで一緒にいられなかった。私がそんなふうに生意気な態度だったからだろう、嫌われたり煙たがられたり、無視されたり嫉妬を買ったり、ハラスメントが多かった。私自身は全く悪気はないのだけれど……。

研究しか視野になかった時期の私は、確かに冷たい人間だった。

ごめんなさい。

しかし、同時に科学者・研究者の倫理として、真実追究を周りの人と仲良くなることより優先するのは仕方がないことではないだろうか？　とも思う。

別の学会で、ゲストスピーカーとして丁重に扱われている高名な教授の発表の中で出てきたモデルが、実は私がすでに単著で発表した本にあるモデルとそっくりだったことがあった。

私は単純に嬉しくなって、

「先生、やっぱり、こうですよね！　私もそう思っていました、ほら！」

と自分の本を見せた時、彼は顔を曇らせた。

え？　なぜ喜ばないの？　共同研究できるんじゃないかしら？　と期待していたのに。

あれ？　と思ってしまったことも思い出した。

高名な教授でも、「僕が一番だ！」という子供っぽい欲求から抜けられないんだなあ、と今なら笑ってしまうのだけれど。結局、その学会で主立った先生方にその説明をしても、なぜか体よく無視されてしまった。

やれやれ。一体何のために研究をしているのだろう？

こういう話はキリなく出てくるけれど、まあ、笑える話である。研究者とか大学教官とか、アカデミアの住人は御山の大将みたいなところがあって、純粋だけれど精神的・社会的に未熟な人が多いという印象がある（人のことは言えないけれど）。非常に個性的な方が多いのだ。研究に関しては素晴らしい能力を発揮されるけれど、他の部分では幼稚園生並み、といった凸凹さが可愛らしいのである。いわゆる発達障がいというカテゴリーに入る人種が多いと言えよう。

ある国際会議で基調講演を頼まれた時は、日本人として初めての名誉で純粋に嬉しかった。母校の先生方や学会長も、同じ日本人として喜んで応援してくれるかと、少しだけ期待していた。蓋を開けてみたら完全無視で、私の発表会場には私の共同研究者以外、一人の日本人研究者も来ていなかった。開会前のレセプションの席では、私はいつものように学会長ほか重鎮の先生方にきちんとご挨拶をして、ニコニコ歓談していたのであるが。

実はその翌年、同じ会議が日本で開催された。その日本大会には当然招待されるはずだと生意気に思っていたが、招待されなかった。だから参加しなかった。が、何とも釈然としない思いが残った。

無視・無視・無視・無視。

どこでもそのような憂き目に遭っていた。

私自身は別にそれでも構わないのだけれど、学問の進歩に大きな損失ではないかと(生意気にも)思っていた。しかし、実際は、学問の進歩や真実追究なんて誰も気にしていなかった。偉い人の気持ちとか、自尊心とか、人間関係やら学会の和みたいなもののほうが、大方の人にとって大切なようだった。そしてまた、猿山みたいに、ボスになりたい！　ボスには皆逆らえない！　といった野蛮な心情を巧妙に誤魔化して紳士ぶっている、そんなところなのだということにはなかなか気がつかなかった。

陣地を広げたい人たちの人事

大学に勤めていた頃、人事業務に関わって、かなり消耗して心身症のようになり、職場に行けなくなった時期がある。二度と関わりたくないのが人事だ。ここまで読んで来られた方にはおわかりだと思うけれど、私は根回しとか政治的活動が全く向かない人物である。

新規の教官を採用する人事での理不尽さにには参ってしまった。不正はせめて、隠されるべきではないか？　しかし、その時には明らかな学則違反の案件があった。私はおかしいと思って指摘したかった。が、それまでもずっとハラスメントの連続だったので、会議で発言する勇気が出なかった。一旦学則を調べ直し、また通例としてこのような違反も大目に見られることもあるのかもしれないと思い、事務に過去の例を確認してみたら、そういう例はないということだった。そこで、大丈夫だと自信がついたので、私は学長にアポを取って直接報告した。学長は「そんなことがあってはならない。学則違反である。人事やり直しの案件だ」とはっきりおっしゃったので、ほっとした。あとは学部長など上の人たちにお任せしていたら、良い方向に向かうだろうと思っていた。

しかし、一向にやり直しの気配がないので、会議で質問してみた。おかしくないか、学則違反ではないか？　と。学長も認めてくださっているのだから、正当性が認められるはずだと思っていた。ところがその会議では、私を袋叩きにするような暴言が続出して、私は凍りついてしまった。普段は関わらないようにして黙っている同僚たちだったが、その時は一人の同僚が「人格攻撃はやめろ！」と言ってくれたことで少し救われた気がした。

しかしながら、私に対する間接的な見えない攻撃的態度は収まらず、職場に行くのが怖くなった。結局、その学則違反に関しての指摘は無視され、人事のやり直しは行われなかった。そしてその後の会議では、何と問題になった学則が改変されたのだった。だから、学則違反ではなくなったということである。

このような成り行きと決定に、ナイーブな私は唖然とした。あってはならない不正だと思った。文科省かマスコミにでもリークして外からの圧力で改善してもらおうかとさえ思った。親友は、そんなことをしたら誰がしたかすぐにわかる、ますます職場でつらくなるだけだからやめたほうがいい、と諭してくれた。その通りだと思うけれど悔しかった。

学長と廊下ですれ違った時、「力及ばずすまなかった」と謝られた。学長の苦慮も伝わってきた。私は会釈をしながら滂沱《ぼうだ》の涙が足元まで滴り落ちるのを見つめていた。

人事に関しては、その後もさまざまな問題があった。共通しているのは、公募と言いながら、すでに内定者が決まっている印象があるということだ。不思議なことに、投票してもなぜかそのように誘導されてしまい、初めから決められていた人が通るのだった。人事案件は大きなトラウマとなってしまい、私はその後どうしても人事業務に関われなくなってしまった。結局のところ、力のある人が、自分の手下のような人を入れて縄張りを広げたい、それだけの話のようだ。研究能力や人格、教育への理念・テクニックなどは評価がしにくいものだから、みんな声が大きく上手にアピールする人の言いなりになってしまうのだ。こんな経験を続けていると、しまいには誰も関わりたくなくなるのがオチだ。揉め事を起こしたくないから、皆、言いなりになってしまうのだった。

その後も、私へのハラスメントはしばらく続いた。

学内で発行している査読なしの論文集、紀要への論文投稿に待ったがかけられた。紀要には査読できる専門家もいないことから、査読なしが当然のルールであり、投稿をストップさせられたことに対して驚いた。理由はどうでもよい意味不明なことだった。不正を正そうとした人事の恨みが根を張っていたようだった。その論文は他の学会誌に投稿して受理されたから良かったのだけれども。それ以外にも、私が出した企画だけは通らない、私の企画だけは予算がつかない、などなど、ここでは言い尽くせないほどのハラスメントの嵐がしばらく続いて、私は体力も気力も底をついてしまった。

思い出すだけで疲れてしまったので、閑話休題。

一体どうしたらよいのか？

実はこのような話は際限なく続く。学会内部の政治的権力争いやそれをめぐる工作など、薄々感じるところはいろいろあるのだけれど、私は関わらないようにしている。直接体験したわけではないのでここには書かない。また、直近すぎて生々しい出来事にもここではまだ触れることができない。残念ながら、闇はもっともっと深いのだと思う。

しかし、もうこれ以上書かなくても十分ではないだろうか？私の真意は、暴露ではなくこれをどうやって昇華していくかにあるのだから。

そこで、ハラスメント予防についていくつか資料を読んでみたが、いまひとつピンと来なかった。

もしかしたら、戦争がなくならないのと同様に、ハラスメントもなくなることはないのかもしれない。そうだとしたら、どうしたらよいのだろうか？

まず、どんなことが起きているのか知ってもらう必要がある。そして明日は我が身であると自覚してもらうことは有益だと思う。人生観はいろいろ尊重されるべきだと思うので、関わりたくない方はとりあえずそれでよしとするか。知らんけど。


思いあぐねている私の脳裏にフッと浮かんだ方があった。

紛争解決の専門家である臨床心理学者、カウンセラーであり、尊敬し、お慕いする先生である。

井上孝代先生。

『あの人と和解する―仲直りの心理学』（集英社新書）は名著だ。井上先生ならどう解決を考えられるのだろうか？

ダイレクトに聞いてみたかった。

質問1．本当のことを言うとハラスメントにあってしまったことは、
言うべきではないのか？
どうしたらよいのか。

質問2．自己防衛のために他者を傷つけたり暴力的になったりする人
と、どう対話していけばよいのか？

質問3．メインストリームのほとんどの場面がネガティブに覆われて
いる社会でどうすれば生き残っていけるのか？

第三章

対談
AINO氏 VS 井上孝代氏

2024年5月17日（金）
オンライン

書くことと話すこと

AINO　私がメールで勝手に井上先生に「どうしたらいいんですか」という質問を3つ投げかけましたけれど、基本的には和解したいし、みんなで楽しく仲良くしていきたい。幸せに生きたいと思うにもかかわらず、どうもひっかかることがいっぱいあるのです。悲しいこともいっぱいあるし、「こんな人と和解したくないよ。離れたい」ということもあります。

私は戦うのは苦手なタイプなので、逃げるが勝ちみたいになって、逃げちゃってもハラスメントはどこに行ってもあるから、このまま行ったら、隠遁《いんとん》するしかないんじゃないかというところまで時々行っちゃうんですね。それにもかかわらず、すてきな人たちもいっぱいいらっしゃるので、気を取り直して、すてきな人に会って、「ちょっとやってみるか」みたいな感じで、出たり引っ込んだり、そんな感じでやってきております。

トランセンド法（超越法）って、一段上から、自分が受け入れがたいものを受け入れるという意味ですか？　何なんですか。「棲み分けの知恵」と言う方もいらっしゃいますよね。棲み分けというのは、対話しないというようなイメージがあるんですけど、それも一つの知恵ですか。受け入れがたいもの、今回のハラスメントみたいな感じのことは、どのようにお考えになりますか。

井上孝代　今日はＡＩＮＯさんとお呼びすればいいですか。

ＡＩＮＯ　そうですね。お願いします。

井上　個人的に存じ上げていながらも、今日はペンネームで話されるということ自体、まだまだそんな世の中なんですね。要するに、ハラスメントを受けた立場の人は、声を大にして言えない。また、それが回り回って不利益になるんじゃないか、そういう危惧を抱いていること自体が本当に悲しいことだなと思います。

AINO　この世の中、みんな幸せに生きたいと思っているし、仲良くしていきたいと思っているのに、どうしてもそうじゃない、対立してしまう場面がある。対立したくなくても傷つけられたり、戦争とかいじめとかハラスメントは受け入れられない自分がいます。いけないことだと思ってしまう。それで人が悲しんだり、破壊されたりするのを見ていられない。

だけど、そこで対立したら、戦争になっちゃう。私は戦う人じゃないから、どっちかというと、やられてしまう立場かな。引っ込んじゃう。

そうすると、やっぱり世界が幸せじゃないんですよね。どうしたらいいかわからなくなってしまった。もっと上の立場から、こういう世の中なんだよねと俯瞰するというんですかね。少し離れてみて、こういう段階だから、その中で何とか生きながらえながら、いいところを見つけて、お花とかを愛でていられたらいいかなと思いつつも、どうしたらいいかわからなくなっちゃうんです、私。

一生懸命やるんだけど、私の場合、特に体に原因不明のいろいろな症状が出てしまう。気持ちとしては大丈夫だと思うんですけど、心身症か、よくわからないいろんな不調があって。「私、ここでやっていけないわ」みたいに思ってしまうことが、たびたびあるんですね。

今回も、（対談場所に）行けなかったことが本当に悔しくて、悲しくて。このためにずっと準備して、体調を整えようと思ってきたにもかかわらず、太陽フレアですかね、電磁波か、シェディングかよくわからないけど、ずっと体調不良で。でも、今日、こうやってオンラインでお話しできることはすごくうれしいです。もしかしたら、頭がうまく働かなくてつらくてダメとか、頭が痛かったりするので快調ではないですが、よろしくお願いします。

先生にはいつもお世話になっていて、お知恵を拝借したいんですけど、『あの人と和解する―仲直りの心理学』（集英社新書）という先生のご著書がありますが、全部の人と和解できるんですか。それとも棲み分けの知恵みたいなのも必要ですか。どうしたらいいんでしょう。

井上　『あの人と和解する』は、いろんな方に読んでいただいて、興味深い感想が出るのです。それは、長い本書の最後の部分。「全ての人と和解する必要はない」という箇所についてです。

AINO　なるほど。

井上　和解できないことも世の中にはある、そのことをあわせて伝えたいという1行を足してあるんですね。和解する話をずっと書いているのに、最後のそこのところで、「みんなと和解しなくてもいいんですね」と読者は訊いてくる。みんなと和解できたら、こんなハッピーなことはない。できないから苦しい、そこを共有したい。そういう人が多い。私も作者として、「ああ」と思いました。

『あの人と和解する』は、何と中学入試問題とかで毎年引用されるんです。その年代の子どもさんたちに響く題材なんだと思います。和解するかしないかは、非常にセンシティブな時期、大体思春期に出会う出来事だからこそ、題材になるんだなと思っています。

今のＡＩＮＯさんのお話からすれば、和解してしまうことは、いいこともあるし、悪いこともある。そこのところは別に棲み分けとかではない。私は先ほどからＡＩＮＯさんがお話しするのを黙って聞いていましたよね。今日はアカデミックハラスメントが中心ですが、今までハラスメント体験をされたことをいろいろ聞いています。そのことを2万字ぐらい、第一章と第二章ですでに書かれましたね。そうしたら、もう解決しているんじゃないかと思うかもしれませんが、書くことと話すことは違うんですね。ここがミソで、今日の対談でお話ししていただく意味はそこにあります。

心理学のちょっとした調査で、例えば北海道旅行をしましたというとき、「では、その体験について書いてください」と言うと、「私たちはこうやって、こういう意義があって」と書きますが、同じ題材で、「北海道旅行の体験を話してみてください」と言うと、書いたことの2倍ぐらいになるのです。大きな違いは、そこに感情が乗ることです。「北海道へ行って、美しくて、ワーッと思っちゃって、あれもおいしかったわ。オホホ」、そういうのがパッパッパッパッと入ってくるのが話なのです。書くというのは、あくまで頭の中で構成されて出てきた言葉だから、個人の整理がすでに入っている。感情とかを抜いて、頭で整理した言葉だけが出てくる。

いくら自叙伝をいっぱい書いても、「書き尽くす」ことはできない体験があるはずです。セクハラとかパワハラとかアカデミックハラスメント、そういう心のトラウマのようなものは、書いただけではダメじゃないのか。今日、私はカウンセラーとして、黒子として、AINOさんにお話ししていただく。その中で気づいていただいて、何かを再構築する。

和解というのは、新しい関係性に出発することを意味しますので、この時間にそういうことが少しでもできればいいかなと思っています。それがまず出だしです。AINOさん、いかがですか。

AINO　ありがとうございます。ごめんなさい、最初から涙がポロポロ出ちゃって。うまく説明できないんですけど、先生の最初のお言葉から、私はもう、感動してしまっています。

おっしゃる通りだと思うんですね。カウンセラーの方と対話をしながら、新しいものを創造していく。ナラティブ（出来事を語ること）と先生がおっしゃっていることは、そういうことなんだなと思いつつ、同時に私の中でまだ、つらくて語れないんです。話ができない。だから、自分がそんなに傷ついていたんだということが今、わかりました。自分では、書けたから、かなり整理されたつもりで「解決して次に行こう」、そんな話をしたいって、ずっと思っていたんですね。ごめんなさい、ちょっとティッシュを持ってきますね。

井上　いいです、いいです。

AINO　本当にごめんなさい。

井上　大丈夫、大丈夫、大丈夫。

ハラスメント状態を変えるのに必要な3つのこと

井上　ハラスメントでは、３つのことが改善されないとダメなのです。特に、アカハラの場合は、東大で２００６年にアカデミックハラスメント防止宣言がなされているんですよ。それでも全然収まっていない。どうしてかというと、アカハラが起きる一番の理由は、教授たちの人格的な問題とか、そんなもの以前に、これがアカハラだという認識がなされていない。それが最大の理由なんです。これはアカハラなんだと認識していないから、防止法案も何も通用しないわけ。では、どうすればいいかというと、３つの要因が変わらなければいけない。

1つは、社会的な認識。これがハラスメントだ、アカハラはハラスメントの1つのきちんとした領域だという認識を社会全体に広げていく必要があります。そのきっかけは、今のAINOさんみたいな当事者が声を上げていくことなんです。その声を上げられない状態がずっと続いていた。せめてメディアが取り上げるとか、今回みたいに本の形で問いかけるとかして社会全体に訴えていく。それが1つです。その勇気を持ってくださったのがAINOさんです。今回の対談中、2時間泣きっ放しで、それほどつらいということを伝えるだけでも大きな意味があります。それが1つの要因。

2つ目は、対策の現状と課題をきっちり精査していく。それは研究機関とかいろんなところがやっていかなくちゃいけない。

3つ目は、今日はアカデミックに特化しますが、教育機関が役割を担って、基礎的なコミュニケーションのやり方とか倫理観をもっともっと教えていかなきゃいけない。語弊があるけど、アカデミックの場には頭（IQ）はすごくいい方が集まるんだけど、人格的なクオリティ（EQ）はちょっと偏った人が結構多いのです。

AINO　偏っています。私もだけど（笑）。

井上　基本的なコミュニケーションをとるのは苦手だけど、能力は高いという人が結構多いので、もう少し初等教育からコミュニケーションを学んだほうがいい。大学に入ってからでは遅い。

今、幼稚園、小学校、あるいは中学から、葛藤解決（コンフリクト・レゾリューション）を「コミュニケーション」でやっていくということが言われています。ハラスメントという暴力的行為ではなくて、コミュニケーションで相手に伝えていく。相手の気持ちがわかる。そういう教育を幼稚園ぐらいから始めるんですね。日本もそういうのが少し取り入れられてきて、小学校では、怒ったらバンと殴るんじゃなくて、「1、

2、3、4、5、6」と数えてから相手に言うようにしましょうとか、クワイエットルーム（生徒が静かに考え事をする部屋）をつくったりするようになったんです。

話がそれましたけれども、ハラスメント、特にアカデミックハラスメントというものについては3つのファクターを考えていかなくちゃいけない。その出だしの、当事者の方が体験を情緒を交えて語ることが大切です。

なぜかというと、ハラスメントを受けると人間性を破壊されるから。人間性というのは認知と感情の有《あ》り様《よう》です。その両方をやられているので、書くという認知だけで訴えると、どうしても心（感情）が伝わらないのです。語っていきましょう。どうぞ語って。

コミュニケーションのとり方を知らない人たち

AINO　ありがとうございます。おっしゃる通りだと思います。先生が東大で2006年に宣言があったとおっしゃいましたね。一生懸命やろうとしていらっしゃったんだろうけど、どうなのかなという感じでしたね。

私がアカデミアの中にいて思うのは、教育がなされていないというか、人間関係、コミュニケーションのやり方を知らない人たちが、知らないうちにすごく人を傷つけてしまっていたりということがある。発達障がい的というんでしょうか。これは訓練で何とかなる部分と、そうじゃない部分がある気がしています。

今の状況だと、失礼な言い方ですが、はっきり言って、私の経験の中で言えば、みんな変です。いい人、大丈夫な人も時々いるんですけどね。そういう方はひょうひょうとして、別のところで世界を持っておられたりする。アカデミアでは、あり得ないような変な経験が日常茶飯事というかすごくあるから、どうしようもないみたいな気持ちになってしまうんですね。

特に、アカハラ、パワハラする人たちは上の立場の人たちだから、逆らえない。そして、変な話ですけど、大学にハラスメント委員会がありますが、そこに報告すれば何とかなるかと思いきや、アカハラ加害者が委員になっていたりするんです。何も言えないですよね。つながっていますし。そういうこともあって、言っても無駄。外部から何かといっても、誰がそう言ったかというのも絶対わかります。ますますいじめはひどくなるだろうという予想もつく。だから、よっぽどの覚悟がなければ、大学の中で告発はできないんです。

組織ってみんなそうなのかと思うんです。みんなつらい思いをするのは嫌だし、生活もあるし、悔しい思いを持ちながら、そこで何ができるかを我慢して探っていらっしゃるんだろうな。何とか折り合いをつけながら生き残れる人たちもいるけど、私はできない。ぎりぎりのところで何とかやって、今ちょっと休んでいます。戻りたいか戻りたくないかというと、学生のことを考えたら、伝えたいことはあるし、かわいいし、戻りたいという気持ち。同時に、登校拒否の子みたいに、戻りたい気持ちはすごくあるんだけど、体がついていかないという状況がずっと続いている。神様から「辞めろ」と言われているように感じてしまうほど、体調が悪くなる。次から次へといろんな症状が出てしまうことがあるので、悩んじゃっています。

人それぞれ役割があると思うんです。私は戦って外に出ていくのは荷が重い。ただ、当事者としての語りは、ある程度できる。本当につらいところは、この場で繰り返すのもまだ「何だかな」みたいな気分になったりもします。「もういいじゃん」みたいな。どうなんでしょうか。

防衛機制

井上　ここで大事なことは、振り返るということなんですね。確かに、書くということで振り返られていますけれども、さっき言ったみたいに、少ししんどくても語り直してみる。こういうことがあった、こういうことがあったというのをもう一度するのはつらいかもしれないけれども、要は、ＡＩＮＯさんにいろいろな出来事があった時期、大学に入った頃は、まだ人格が完成されてしまってはいない。そういう時期に、自尊心を損なうような決定的な出来事に遭って、自分自身、すごいトラウマを抱えることになったのではないでしょうか。

ＡＩＮＯさんも心理学の専門家だから「釈迦に説法」ですけれども、防衛機制を順次働かせていったんじゃないか。それを振り返っていくことが、自分の強さに思い至ることになるから、そういう路線で少し振り返ってみましょう。

例えば、一番原始的な防衛機制は、病理的防衛といって、5歳以前の子どもがやるようなこと、「否認」です。「そんなこと、あるわけないわ」、そういう時期もあったんじゃないか。

そういう時期が過ぎると、今度は「投影」。自分の抑圧された感情や願望を、その人が持っていることにしてしまう。嫌いな人を自分が避けているのではなくて、相手が自分を避けているのではないかと考えていく。いじめた相手に対して、ごちゃごちゃの自分を投影したりということもやったかもしれない。

防衛機制には4つあるんですけど、一番原始的な防衛機制を働かせていった可能性はあるかな。そういう時期はなかったですか。

AINO　わかりません。自分で気がついていないからかもしれません。ただ、小さい頃から、私は他の人のことがよく理解できなかった。自分一人だけ違う世界にいたという感じで、他の人たちの考えていること、感じていることがあまりうまく理解できない。それに対して皆さんが喜ぶようなことをずっとしてきた。そういう感じで、小さい時からずっと過ごしていました。

何もしなくても何となくお勉強はできるし、いつも人が喜ぶことをしていたから、ニコニコしている優等生だったんですね。でも、それは自分が自分らしく生きていないつらさを持ちながらだった。小学生の時からずっと片頭痛持ちだったり、ぜんそくだったりで、保健室登校だった。高校生になったら、もう行きたくない。不登校のはしり、摂食障がいのはしりみたいな感じ。それでも、何とか大学に行った。親は私を理解できないというので、母親との関係がきつくて、とにかく出ようと思って、家を出た。

大学に入った時に、ひどいいじめがあったんです。そこのショックが大きかった。あまりにつらかったことははっきり思い出せなかったりするんですけれど、覚えているのは、「天使の顔をした悪魔だ」と言われたことです。私自身、どうしたらいいかわからなくなってしまって、つらかった。最初はすごくちやほやされたのに、そんなふうに言われて、拒絶された。

いろんなことがありました。大学に行けない。人に会うのが怖い。外に出るのが怖い。それからずっとひきこもりです。人と話をしたり、対面することが全てできなくなって、大学に行かなかったので、大学のカウンセラーとか担任の先生は心配しますよね。だから、相談室に行ってみるかなという時期もありました。行ってみても何も話せないみたいなひどい状態でした。精神科医にかかってみたほうがいいかなとか。私は教会に行っていたから教会で支えてもらったり。いろいろありました。

井上　今お話しなさっていること全てが、さっき話しかけた4つの防衛機制をやってこられた印象を受けます。

AINO　そうですか。

井上　1番目が、「病理的防衛」という、5歳以前の原始的な防衛。

2番目が、「未熟な防衛」といって、「退行」。幼い時の気分に自分を入れる。

3番目が、「神経症的な防衛」です。これは大人もやるんですけれども、嫌なことを忘れる。防衛機制は全部無意識の世界で行われているから、自分を「抑圧」する。逃避する。距離を置く。

「逃避」するというのは、例えば、escape to disease（病気への逃避）とか、escape to fantasy（空想の世界への逃避）、escape to reality、他の全然違う現実に興味を持っていく。嫌な対象から逃避するという防衛。

簡単に受け入れられない不快なことに抵抗するために、かえって嫌いな人を好きになろうとする。「あの人が悪いはずはない、こんないいところもある」みたいな「反動形成」を行う。

それから、「合理化」です。AINOさんは頭がいい方ですから、もっともらしい理由をつけて、あるいは神の世界とか、崇高な人間観、哲学を持ってきて、「あり得るわ」と納得する。

AINO　はい、やりますね。

井上　もう1つは「代償」。特定の対象に向けられた欲求とか衝動を他の対象に向けていく。代償行為ですね。そういういろんなことをされたかもしれない。

4番目は「成熟した防衛」と言われるものですけれども、12歳以降の、意識的に取り組んでいく防衛も、ＡＩＮＯさんはやってこられたのかもしれません。他人の良いところと自分を重ねて自己評価を高めて、欲求を満たそうとする「同一視」とか学問やアートの世界に「昇華」する。ＡＩＮＯさんはアートがお好きだから、花を愛し、芸術を愛し、自分の中のもやもやした気持ちとかネガティブなものを昇華していくこともされてきた気がします。

「補償」という行為もあります。「これがダメなら他の分野、私は書いたりすることでエネルギーを転換していこう、できればそれが世のため、人のためになるといいわ」と。今までずっと、このような防衛機制を働かせるようなことだったのではなかったかなと想像するんです。

ＡＩＮＯ　そうですよ。嫌だなとか、つらいなと思いながらも、ここで何とか生きていかなければいけないから、どうしたらいいだろうというので、逃げる。こんな濁った嫌な世界にいたくないと思って、神様の世界に行きたいと願い、修道院にも入りました。すごい逃げですよね。修道院に入って、修道院の中で人間の弱さをますます見せつけられてしまい、それもつらくて、絶望の気持ちになったりした。

私自身もそうですけれども、完璧に、美しく、清く正しくなんていう人はいない。いまだにそんなふうに思っているところがあるのですけれど。若い頃は特にすごく潔癖で、それが昔はつら過ぎて、許せなくて、自分自身が人類の一員であること自体が汚らわしくて、つらいという感じがありました。

だけど、いろいろな経験をしてくると、少しずつですけど、それも笑えるというか、変な言い方ですけど、かわいいなと。その時は悲惨で、つらくて、泣いちゃうんですけど、ちょっと離れて見ると、おかしいんです。「何でそうなるわけ?」「何でそんなふうに考えるわけ?」「バカじゃない? そんなことして、幸せにならないで、自分で自分を不幸にしている。どうしてこんなふうになるの?」。ちょっと余裕がある時は、そんなふうに考えられますね。

そういう方向に行けばいいと思ってはいるんですけど、こういうことを、本当に傷ついて人格が破壊されて悲惨な目に遭っていらっしゃる方には言うべきではないと私は思っています。段階がある。赤ちゃんにいきなりグルメのものを食べさせてもおなかを壊すということがありますよね。赤ちゃんにはまずミルク、離乳食。そういうことを考えると、実は私もいまだに当事者ではあるんですけれど、自分の中にいろんな自分がいて、本当にダメになっちゃって寝込んでしまう自分もいまだにある。と同時に、お花とかにちょっと癒やされる。ハァ～とちょっと息をついたり、優しい人にお話を聞いてもらったり、いい時間を過ごすと、「そうだよね。おかしいよね」と言えることもある。そんなふうな時期なのかなと思うんです。

先ほど申し上げましたように、思い出したら切りがないほど悲惨なことはいろいろあるんです。切りがないので、「語り直したら？」とおっしゃるけど、あまり語り直したくもないというのが正直な気持ちなんですね。何と言ったらいいんだろう。

井上　その事実について話して、語り直してというよりは、今みたいな防衛機制の1つの枠組みで、「そのやり方だったら、私はこんなことをやったわ」というように、絡めて話していったほうがいいのかなと思います。

AINO　なるほど。ポジティブ心理学みたいに、いいところを見つけたり、希望とか感謝とか愛とか、そういうものに一生懸命フォーカスするという感じでずっとやってきたと思います。でも、それで全てうまくいくかというと、いくらそうやってもネガティブなものはつきまとう。それはどうしようもないから、自分の中で組み立てて、理屈では整理していますけれども、やっぱり頭の世界ですよね。本当の気持ちはいろいろです。その時によって、ネガティブなものに覆い尽くされて、泣きじゃくっちゃうみたいなことを私は繰り返していますね。

相談とカウンセリング

井上　私はそういう繰り返しでいいと思うんです。「発達カウンセリング」という考え方があるんです。

ピアジェの発達理論では、感覚運動期、前操作期、具体的操作期、形式的操作期の４つの段階が有名です。相談に見えた方は、初めはムカムカするとか、泣くとか、悔しくて震えるという、感覚についていっぱいお話しなさいます。前操作期の自己中心性もありますよ。それがしばらくすると、具体的操作期に入る。どんなときにそういう感じがあるのかという具体的なことを話していって、「なるほどね、具体的にそういうときなんだ」ということになると、今度は形式的操作期に入る。

形式的操作期は、防衛機制をなぞるようなものなんですけど、「それはそういう理由でこういうことがあったのかもしれませんね」と頭で納得していく。

最終的には弁証法的な考え方に変化します。世代とか社会的な捉え方がなされるようになります。人間の限界としての「さが」です。いじめた相手は、親がそう育てた。その親は、おじいさん、おばあさんからされていたのかもという世代間まで広げていく。
　ピアジェの発達心理学のモデルに応じて、カウンセリング的に一緒に、らせん的に繰り返しながら進むんです。階段みたいに上がっていくのではない。戻って泣くし、「そうは言っても私は神の世界にいるし」とか「アートでお花を愛でるし」と、全部を繰り返しながら、らせんを描く。それにずっと伴走できるのがカウンセラーではないか。

AINO　そういう方がいると、安心して泣けるというか、つらい自分に浸れるんです。あまり浸っちゃうと、自分がおかしくなっちゃうんじゃないか。浸っていて、今は戻ってくることができますが、若い頃はそうじゃなかった。そのままもう死んじゃうか、狂っちゃうか。どっちかしかないだろうという感じでしたね。頼れる人がいなかった。頼れるかなと思った人たちに全部裏切られて、ハラスメントを受けてという、むちゃくちゃな状態だったので、つらかったな。だから神に行ったのです。

神しかいなかった。周りに誰もいなかった。

井上　ハラスメント相談という言葉を使うのは言い得て妙で、「相談」というのは何かの問題や悩みについて他人の意見を聞く場なんですね。ハラスメントカウンセリングではない。だから、相談に行くと心の寄り添いというよりは、知恵をくれる。欲しいのは知恵じゃなかったりするじゃない。今も相談事業なんです。

AINO　そうですね。そういう側面も必要だと思いつつ、でも、その前にもっと心のケアというか。

　私もそうなんですけれども、アカデミズムの中にいると、みんな頭で処理して、自分でできてしまっていると思い込んでいないですかね。それは問題だと思う。だから、どこかに「苦い根」みたいなのが残っていて、ちょっと変に出てしまうんです。

井上　そうかもしれないです。

ＡＩＮＯ　そんな気がしますよ。皆さん、おありなんだと思う。だから、変なんだと思ったりします。

井上　一国一城の主なんですよね。職場のハラスメントは、いい意味でも悪い意味でも、組織という構造があるじゃないですか。ところが、日本の大学とかアカデミズムはその構造が密室化しているんです。

　例えば、アメリカの大学では、アカハラが日本よりは起きにくい。「学生を使う場合には」というルールがあって、一般的な通念が出来上がってきつつある。大学にもそれが適用されているから、みんなが注視しているし、オープンにされている。構造化されている。日本の場合はそこが問題で、外に出にくい。

ＡＩＮＯ　自分がそこに属している限り、言えないし、訴えたい気持ちがあったり、自分のアイデンティティにもかかわる問題だから、所属している組織の悪いところを暴露するのに抵抗がある。私も、大学の名前を出すのは「何かちょっと」という気持ちがあるし、学会もそうだったりするから、出にくい。欧米と違っていて、個が「私たちの集団の中の」みたいな意識が強いからでしょうかね。自分の知り合いとか仲間を悪く言いたくない。何と言ったらいいんだろう、本当はきちんと報告すべきような悪いことをみんなでもみ消しちゃう。なあなあになって、「まあまあまあ」みたいになっちゃう。あれも、見ていて「エッ」と思いますね。

いいことだと思ってやっていることが人を傷つける

井上　今、ハラスメント以前のマイクロアグレッションの問題が取り上げられています。些細な暴力というか、暴力まではいかない、無意識の差別とかジェンダーバイヤス（性役割の固定的な観念）とか、日頃から心の中に潜んでいるような、そういった無意識、感情が、相手を、一見おもんぱかる形で出る。

AINO　それが問題だと私は思っているんです。いいことだと思ってみんなやっているんです。

井上　この間、子育て中の女性が相談に見えて言っていました。職場で夕方の4時から5時ごろになったら、「保育園のお迎え、いいの？」という声がかかるというわけです。なぜ言うのか。そのこと自体、上司は気を遣って言ってくれているんだと思うけれども、「お迎え、大丈夫？」は、保育園の迎えは女性の役割との決めつけと感じ、毎回本当に傷つくと、その女性は言うんです。優しさだと思っているけれども、それはハラスメントの一つ、マイクロアグレッションだと言う。男性にはついていけないことがあるかもしれない。

こういうケースもありました。義理のお姉さんに当たる人にプレゼントしたんだけど、それがエプロンだった。エプロンはかわいいじゃないかと思うかもしれないけれども、そのお姉さんは「もっと働け」という意味かととって文句を言われたと。

AINO　エーッ。

井上　マイクロアグレッションというのは難しいんです。

AINO　それはマイクロアグレッションというか、私の感覚からすると、その女性が被害者意識を持っていると思う。

井上　被害者意識だと思うでしょう。

AINO　たとえマイクロアグレッションだったとしてもですよ、好意だと思って感謝して喜んでいれば、関係ないわというのが私の発想です。

井上　そこに至った人はいいんですよ。だから、そういうふうに教えるんです。相談に来た人は、単純に怒っちゃっている。

AーNO　何で？

井上　いろんな被害者意識。

AーNO　積み重ねでそういうふうに感じちゃうんですね。

井上　斜めになっちゃっている。カウンセリングの場面では、「いやいや、それと混同しちゃまずいよ」という話をします。

　マイクロアグレッションにはレベルがあって、本当に考えられないことを言ってくる人もいれば、何も気がついていない人もいる。マイクロアグレッションの教育からやらなきゃいけないだろうという感じではあります。

AーNO　そんなことを言っていたら、私は生きていけないですよ。何かしたら全て、みんなに害をまき散らしているんじゃないかという意識になってしまう。

私はそれを感じたのが10歳ごろなんです。それで、私の存在そのものが生きていけないと思ったんです。例えば、私がお花に対して「あら、きれいですね。すてきね」と言ったら、「お花を見られない人もいるじゃないですか」とか言われるのです。わかります？

井上　そういう人もいるかもしれない。

AINO　自慢じゃないけど、私は割と恵まれて育っていて、あまりお勉強しなくても成績が良かった。そうすると、一生懸命やってもできない人からすごくアグレッション（攻撃）を向けられて傷ついた。小学校の時の友達が「私、勉強しても全然わからない」とか言う。「エッ、何で？」と思っちゃうじゃないですか、普通に。でも、何もしなくてもできてしまう自分、この存在そのものが、そうじゃない人を傷つけてしまう。そういう発想で、これ以上、もうどうしたらいいかわからなくなって、10歳くらいの時にすごく悩んで、本当に困りました。

それからどう抜け出たかといったら、存在そのもので人を傷つけてしまうことはあり得る。捉え方次第ですから。だとしたら、しようがない。それを気にしていたらどこにも行けなくなっちゃう。でも、どこにも行かないということ自体もまた人を傷つけるんですよね。親とかね。

傷つけてしまうのはしようがないから、それ以上に、喜んだり、楽しくなったり、感謝したり、そういうポジティブなことをやっていけばいいんだと思って、やってきたのです。傷つけてしまうのは仕方がないみたいな意識が私のどこかにあります。その人の捉え方次第ですから。

そういうのが行き過ぎちゃったかもしれません。特に、アメリカに行ったりしているから、アメリカ帰りの私はそういう意識がかなり強かったかもしれないですね。それもちょっと反省しつつ、やってきています。そういうのを気にしていたら、私は生きていけない。

井上　今、臨床で一番問題になっているのは、自己の意識なんですね。

トラウマ体験というのは、自己が脅かされるような逆境体験のことを言うわけですけれども、甚大なストレスを受けると、自己破壊的なものが起きる。今おっしゃった自分を肯定する力がなくなり、

①自己肯定感がなくなる。

②感情のコントロールがうまくいきにくくなる。

③安定した人間関係を維持していけなくなる。

この3つが、大きな逆境体験の後のつらさだと言われています。大きな体験だけじゃなくて、小さな小さな、慢性的な生きづらさも積み重なって、ストレスになって、この3つのことが出てくる。それが身体症状とか精神症状とかにあらわれる。これを「自己組織化障がい」と呼んでいます。自己を組織化していくことがうまくいかない感覚を持ってしまう。今、社会全体にそういう人が増えてきて、傷ついた人が結構いる。その組織化をどう助けていくか。そういうことがこれから先の私たちの

臨床の課題だと言われているんですね。

つらいことは笑っちゃえ

AINO　私はちょっと臨床をかじって、少しは教えたりもしていますけれども、それが私にはどうもなじまない。防衛機制と言われればそうなのかもしれないけれど、ポジティブな、「光を」とか、夢とか、そういったものにフォーカスしていったら、つらさとかネガティブなものがフェードアウトしていくかなみたいなイメージを持っているんですね。人によりけり、段階によりけりだろうと思うんですけれど、生きづらさを感じている人たちは本当に多いと思います。私の周りが特にそうなのかもしれない。私と話の合う人はみんなきっとそう。みんなトラウマを抱えています。つらいことがある。もちろん、それを共有して、「そうだよね」と言うのも大切だけど、私はそれをおちゃらけにして、笑っちゃえみたいなことを、自分の中の手法として使っています。笑いにしちゃうということをよくやっている気がする。

井上　全くその通り。東日本大震災の後にPTG（Post Traumatic Growth）「心的外傷後成長」の実践研究として、被災した人たちの語りを『東北の声 Voices of 'Tohoku'』プロジェクトでいろいろ集めて分析していったら、PTGの5つのファクターがちゃんと認められたのです。あんな命にかかわるような大きな出来事を体験した後でも、8割ほどの人はPTGが確かめられました。

5つのファクターの1番目が、人との関係性です。私はいろんな人とかかわって生きているという関係性の問題。

2番目は、自分には新しい可能性があるというポシビリティの問題。

3番目は、私には強さがある、こんな状態でも生き抜けた強さがあったということ。

4番目が、スピリチュアルチェンジ（スピリチュアルな変容）。それは神を知るということもあります。日本人の場合は神とかは感じにくいですが、自然の美しさ、自然の脅威、力の及ばざることがある。津波が来た翌日には満天の星があって、「人の力は小さい。大きな偉大なものがある」という気づき。

5番目が、感謝。自分は生かされている。この生かされた命を大事にしなければという、何かに対する感謝の念。

この5つが認められたのです。今、ＡＩＮＯさんがおっしゃっているのは、こういうものも含めてです。しかも、フロイトとか精神分析の人は、全てのネガティブな感情に打ちかつ最上のものはユーモアであると言っているんです。今おっしゃったポジティブに変えればという最も高レベルの防衛機制はユーモア。さっきから申し上げた防衛機制の4つの段階を経て、最終段階のユーモアのところにポジティブ心理学でつながっていったんだなと感じました。

AINO　ありがとうございます。

東北の方もおっしゃっていますよね。翌日だったかな、「おいしいお菓子をたくさんつくっていたのに。食べに行けばよかったな」とみんなで避難所で笑ったとか、あんな中でもそうやって冗談が言える人たちの強さに私も感動したのを思い出しました。

トラウマって避けられないものだと私は思っています。でも、日本人はそれを笑いに変えてしまう力を持っているような気がするのです。なあなあみたいなのは、私はあまり好きじゃないんだけど、でも、笑ってしまえるって、ある意味、すごく強いなと思いますね。

井上　私の出身の九州・博多には、「博多俄《はかたにわか》」というのがあるのです。「二〇加煎餅《にわかせんぺい》」って知ってる？　そのお面で目を隠して、漫才みたいに、世の中を風刺して笑う。博多出身の私には、笑いに変えるということにはなじみがある。能と狂言では、狂言がユーモアに変える。

美しさを愛でる

AINO　真面目に、きちんと考えていくことも必要なんでしょうけど、自分がつらくなってしまう。整理できていいかもしれないけど、その先に行かないのです。へヘッと笑って、へらっとすると、「おいしいもん、食べに行こうかな」という気持ちになれる。笑いって本当にすごいなと思います。ただ、下品な笑いもあるから、それは違うと思うんですけれども。

あと、おっしゃった通り、美意識、アートというんですかね、星空の美しさとかお花だとか、その美しさを愛でる精神。日本人の中の美意識は素晴らしいものがあると思うんですね。

今、バラが満開できれいでしょう。満開の美しさは西洋的な美しさだと思うんですね。同時に、道端では小さな小さなものが咲いている。私のバラの写真をお見せしたい。残念ながら枯れちゃっていますが、私はこの枯れゆくバラにも惹かれるものがあって、ポイできない。「ごめんなさいね」と言いつつ、愛でたい気持ちがあるのです。これはすごく日本人的じゃないかなと思っています。欧米だと、「枯れちゃったからしようがない」で、何とか生き返らせようといろいろやって、ダメなら多分ポイです。

このブーケも、アレンジの中で弱っていく花が出てきます。私はいつも弱ったものを抜いて、新しくアレンジするのですが、そういう美しさの愛で方と同時に、枯れゆく花の愛らしさというのか、いとおしさというのか、それを私は最近すごく感じます。自分が枯れてきているからかもしれないけど、そんなふうに感じています。

日本人は昔からそういう審美眼というのかな、「もののあはれ」という、茶道でいう「不完全なものの中に美しさを感じる」というのが伝統的にあるような気がしています。金継ぎもその精神で、割れたもの、傷ついたものを修復して、もっと素晴らしいものに変えていく知恵がある。まとめますと、「美しさを愛でる精神」と「笑い」、この2つが最強かなと思っています。

井上　それは伝統性でもある。

さっき言ったピアジェの発達の感覚運動期、前操作期、具体的操作期、形式的操作期、それらを経て、弁証法的段階に至るまで、らせんを描きながら過ごしていらっしゃる。それを愛でながら、感覚的に泣いている自分が決してなくなっているわけではない。それも全体でＡＩＮＯさんなんだと私も認めるし、ご自分もそれであっていい。決して無理をして相手を許すことも和解することも要らない。

私は今、ソーシャル・ジャスティス・カウンセリング（社会的公正主義）について考えています。人は、女性も男性も高齢者も障がい者も、基本的に平等な、公正な権利を持っている。それをきちんと世の中に表明して、不正を正していかなくては、また繰り返される。ＡＩＮＯさんは、ご自分が花を愛でるところで納得される。どれだけ苦しかったのか、今もそうやって慰めよう、沈静しようとする姿をもっとお示しすることによって、これだけのことなんだということをわかってもらうという尊い発言だと言いたい！

ＡＩＮＯ　ああ、何と言ったらいいんだろう、うーん、かなり強められましたね。自分の中にある強さを忘れてしまっていました。

私はしょっちゅう倒れていますが、そのたびにケアして立ち直るから、「一番長生きするんじゃないの」と言われて、「申し訳ありません」という感じなのです。ある意味、強さがあるからこそ、こういう弱さを持ち続けていられるんだろうなという気がしています。みんな弱いと生きていけないと思って、弱さを捨てちゃったり、感じなくしたりしちゃうじゃないですか。私はそれができない。できないなりに、いろいろ苦労しますけれど、それなりにやってきているというのは、周りの方がいつも本当に素晴らしいんです。私一人だと、絶対に生きていないと思う。それを思い出しちゃう。

井上　人によって傷つけられるけど、人によって癒やされもするということですよね。

AINO　本当にそうです。先生との対話もそうだし、ヒカルランドの石井さんみたいな、こういう本を取り上げて、ちゃんと受け取って構成してくださる方もいらっしゃるというのは、本当にうれしいです。そう思うと、感謝で、ありがたくて、どうしようかと思うくらいなんですよ。こんなに感謝に満ちあふれて、元気で、うれしいことでいっぱいなのに、何で体はこうなのか。それは嫌なんだけど、しようがないですね。つき合っていくしかない。

井上　「嚆矢《こうし》」という言葉があるじゃないですか。この本が、アカハラに向けての「矢」になればいいなと思います。

AINO　ヒュッとね。光ですね。ヒカルランドだし（笑）。

井上　ヒカルランドでいいなと思いました。

――ありがとうございました。

（了）

第四章

長すぎるエピローグ

つらくなってしまった対談

井上先生に、対談していただけないかと打診して、原稿を読んでいただいた。先生ご自身も、きっといろいろなハラスメントをお受けになっているに違いないし、深く共感してくださると思った。

対談ではカウンセラーとして、受容的に受け止めてくださったことは本当に嬉しかった。同時に興味深かったのは、先生と私のスタンスの違いが見事に明らかになったことだった。専門家として、私の原稿を読んで、社会に対して言いたいことがたくさんある、そして変革のために強く立ち上がって一石を投じたいという先生の思いが強く伝わってきた。

きっと今までもずっと、つらい思いを抱えた方々のカウンセリングを通じて、悔しさや無念さをお持ちでいらしたのだと思う。

実は、私は臨床心理学に対してもかなりトラウマチックな経験があって、カウンセリングは助けになんかならない、と避けてきたところがある。大学院生の頃、臨床心理学系の授業を受けてみた時に、アメリカ帰りの私が綺麗に整理されたモデルを発表したところ「わかってはいけない」と教官に言われたのだった。人間心理は深くて、そう簡単にわかったつもりになってはいけないということなのだろう。また別の教官は、「言葉にならない表現できないもの、表現した後にこぼれ落ちた残骸を拾っていくようなことが大切だ」とおっしゃった。

単純明快なスッキリ感が好みの私は、臨床心理学は向いていないと思った。共感性が高すぎるというのも向いていない一因であろう。それでも請われてスクールカウンセリングをしたことがあったが、散々だった。ドロドロとした深い闇の世界を垣間見て凍りついてしまったり、人格障がいが疑われるクライアントからは、散々なハラスメントをダイレクトに受けて自分が参ってしまったりの連続で、今後いくら頼まれても絶対に臨床はしない、と決心したのだった。

アカハラではないから今回触れなかったけれど、私は精神科医や教会の神父からセクハラを受けて、粉々になってしまった経験もあるのだ……。

対談に際して、そういう生の体験を語ることによって新しい何かが創造されていくのではないかと、井上先生がおっしゃった。そうだろうと期待しながらも、私の心をよぎったのは「あんなにつらいことをまた思い出さなければならないのか？」という思いだった。それを聞いただけで私は泣き出してしまった。そのことを思い出して書いている今もまた、涙が出てくるほどに私は傷ついていたのだった。自分がまだまだこんなにも傷つきやすく、傷が癒えていないことを発見した瞬間だった。

　ドキドキしながら、時に頭痛や動悸を抱えながらも対談は進んだ。私は暗い世界はもういい、どうやったらあの光の世界に行けるのか、それだけが知りたかったのだった。私が、どんなふうに逃避したり抑圧したりしてこのトラウマを処理してきたかなんて、振り返ってどうなる？それ以上何ができたというのだ？　平静を装っていたけれど、私は正直どっと疲れてしまった。臨床心理学なんて大嫌いだ！　無意識に押し込めているトラウマを意識化することで治癒すると？　フロイトは間違っている！　というか、少なくとも私には向いていないと思った。ここに生きている限り、暗く思い出したくない記憶や情報は限りなく出てくる。

全てを意識化したら生きていけないほどの絶望に覆われるから、皆うまいこと防衛機制を使って心を守っているのだ。イソップ寓話の「酸っぱい葡萄」のキツネのような防衛機制はまずいかもしれないけれど、それだって、笑っていたらいいではないか。というのが私のスタンスなのだ。

弱いからこそ強いのかも

対談では、最終的には、PTG（トラウマの後の成長）を取り上げられて、美しさと笑いが救いになることが再認できたのでホッとした。PTGはPTSD（心的外傷後ストレス障がい）とも相関が高い。つまり、痛みを伴ったままでの成長であり、決して克服などではないのだった。

井上先生はそのような成長はらせん状の経過を辿る、とおっしゃった。確かにそうだ。強い時、笑っている時、泣きじゃくってしまう時、動けなくなってしまう時、そんなことを何度も何度も繰り返しながら、少しずつ階段を上っていっているのかもしれない。

「弱さを持ち続けていけるということは、反対に強いからではないか」と私自身よく言われることも思い出した。そんな自分の強みを思い出したことも、対談することによってクリアに見えてきた成果だった。

社会活動をして戦っていくような強さは持ち合わせていないけれど、この弱さこそが私の強みかもしれない。人それぞれ役割があって、向いていないことをするとうまくいかない。失敗するし、疲れるし、最悪だ。残念ながら私にはハラスメントの撲滅をはじめ、社会活動は向いていないと思わざるを得ない。

実は、3・11の陰謀に対して心が潰れそうになって、国際会議でノルウェーの友人ジャーナリストに話したことがあった。彼女は、精力的に社会改革に力を注ぐ正義感の強い人で、その話をぜひオスロに来て国会でしてくれ、と言われて私は困ってしまったことを思い出した。ひどいことが行われていることは直感的にわかるし、客観的なデータからも明らかだけれど、国会で英語で理路整然と話せるほどの資料を持ち合わせていないし、そんなことをしたら私は有名になってプライバシーもなくなってしまうと恐れたのだった。彼女は私のことを勇気がないと失望したようで、世界平和のために立ち上がれ！　と励ましてくれたけれど、どうしてもその気になれなかった。しかし、同時に私にしかできない重要な任務なのかもしれないとも思い、その責任を果たせない自分にも失望したのだった。

彼女は結局、友人の教育省大臣ほか国の重鎮たちを自宅に招いてパーティーを催してくれた。その席でそれとなく話してくれたらいいとのアイデアだった。そこで私がしたことは、独創的な創作お寿司と季節のお花でテーブルを美しく飾り、着物を着てお茶を振る舞うことだけだったのを思い出した。

そして、その後は教会に行って、一人深く長い祈りを捧げたのだった。

それが私なのだ。

ごめんなさい、ジャンヌダルクにはなれない。無理なのだ、私には。

井上先生との対談の翌朝、疲れ切った私をパートナーが出勤前に近くの公園に連れて行ってくれた。見事な大輪のバラが、むせかえるほどの香りを放ちながら咲き誇っていた。その周りには、色とりどりのパンジーが皆揃って私に微笑みかけていた。名前も知らない小さな花たちも風に揺れていた。手入れされたお花畑の隅っこに隠れている一輪のドクダミの花も私は見逃さなかった。

あなたも頑張っているのね〜と話しかけたら、うんうんって答えてくれた。

お花たちと話していると胸がいっぱいになって涙が出てきた。

私がどんなに感動しているかわからないでしょう？

もう泣いちゃうほどなんだから……。

「そうか、よかったね」

というパートナーが急に立ち止まったのは、彼が大好きなネコを見た時だった。

私には見つけ出せない特技だ。

同じところで同じものを見ながら、全く違う体験をしている私たちがいる。

だからここはこんなにも楽しいし、面白い世界なのだ。

目に見える世界の変革は、それが得意な方にお任せして、私にしかできないことをしていこうと思う。

リアルには心が折れることもいっぱいあるけれど、私はこんな地上で天国の香りに包まれて流れていたいのだ。

期待させちゃってごめんね〜。

ジャンヌダルクにも、ナイチンゲールにも、キュリー夫人にもなれない私だけれどお詫びにお茶でも一服振る舞わせてくださいな。

AINO
気鋭の心理学者。専門領域として予防医学、公衆衛生学など。

井上孝代　いのうえ たかよ
九州大学心理学専攻博士課程修了。博士（教育心理学）。東京外国語大学留学生日本語教育センター教授を経て、明治学院大学国際平和研究所・名誉教授。マクロカウンセリングセンター（MCC）代表。専門は臨床心理学、カウンセリング心理学、コミュニティ心理学。
臨床心理士。公認心理師。主な著書は、単著『留学生の異文化間心理学』（玉川大学出版部）、『あの人と和解する―仲直りの心理学』（集英社新書）、『コンフリクト解決のカウンセリング』（風間書房）

日本の教育の終焉
アカデミックハラスメント
ある女性研究者の手記と対話から

第一刷　2024年8月31日

著者　AINO
　　　井上孝代

発行人　石井健資

発行所　株式会社ヒカルランド
〒162-0821 東京都新宿区津久戸町3-11 TH1ビル6F
電話 03-6265-0852　ファックス 03-6265-0853
http://www.hikaruland.co.jp　info@hikaruland.co.jp

振替　00180-8-496587

本文・カバー・製本　中央精版印刷株式会社

DTP　株式会社キャップス

編集担当　川窪彩乃

ISBN978-4-86742-405-6

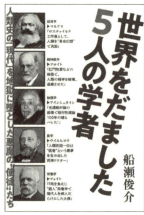

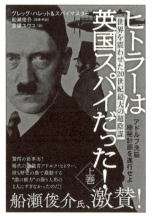

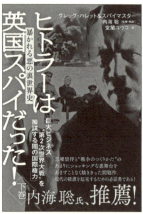

ヒカルランド　好評既刊！

地上の星☆ヒカルランド　銀河より届く愛と叡智の宅配便

「波動医学」と宗教改革
著者：船瀬俊介
四六ソフト　本体1,800円+税

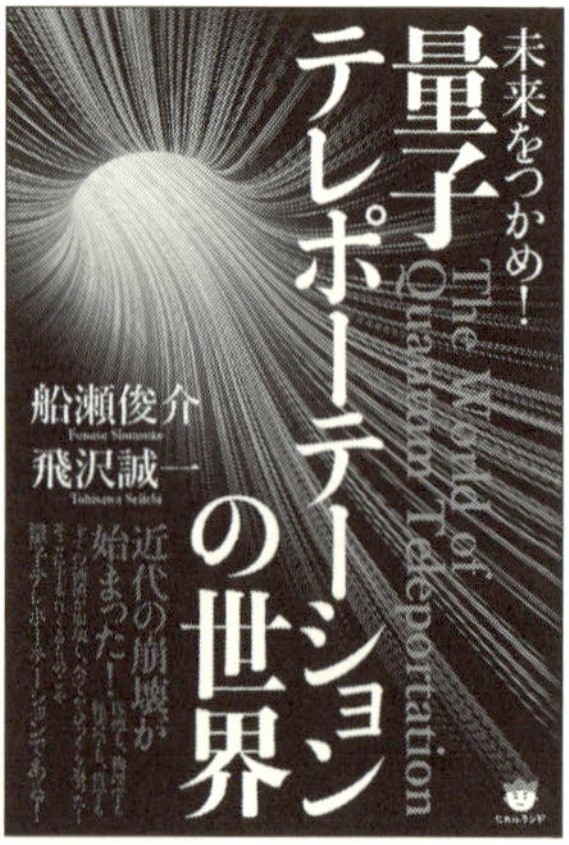

未来をつかめ！
量子テレポーテーションの世界
著者：船瀬俊介／飛沢誠一
四六ソフト　本体1,600円+税

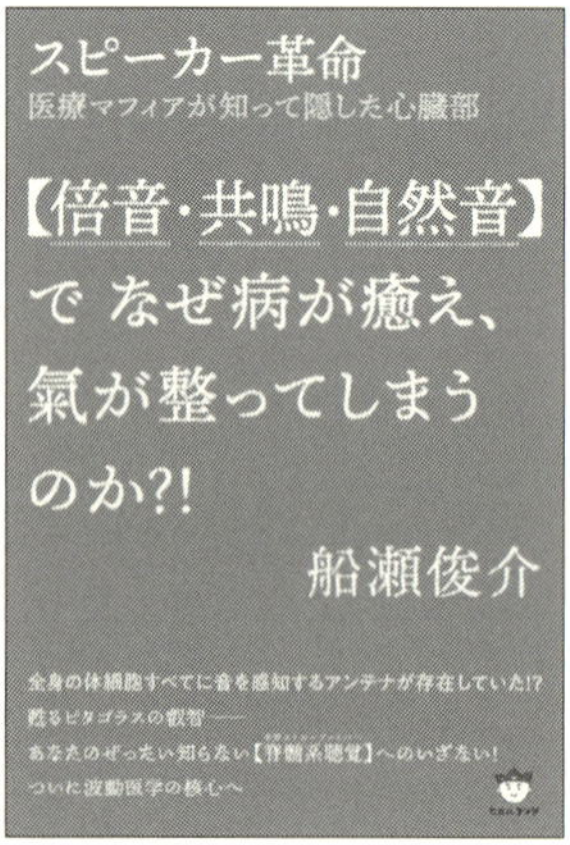

【倍音・共鳴・自然音】で
なぜ病が癒え、氣が整ってしまうのか?!
著者：船瀬俊介
四六ソフト　本体2,000円+税

壊れた世界は、こう歩め！
著者：船瀬俊介／ハナリン／斉藤新緑
四六ソフト　本体1,800円+税

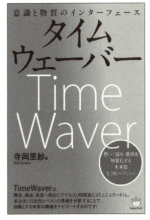

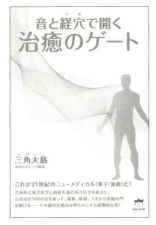

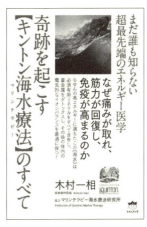

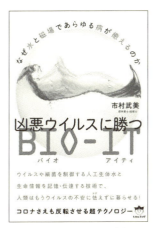

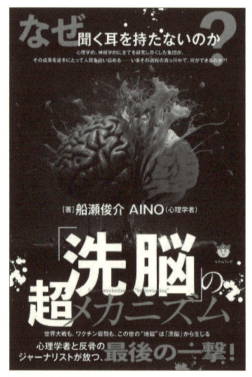